iolanda sweets

Gruppo editoriale Mauri Spagnol
Milano

Copertina: Andrea Balconi
Testi, direzione artistica
e coordinamento grafico-editoriale: Valentina Cambi
Progetto grafico e impaginazione: Daniela Bordini
Fotografie: Alfredo Buonanno e Iolanda Sweets
Illustrazioni copertina e interni: Silvia Bancora e Shutterstock

Prima edizione: ottobre 2017 – Quarta ristampa: gennaio 2018

Per essere informato sulle novità del gruppo editoriale Mauri Spagnol visita:
www.illibraio.it
www.magazzinisalani.it

ISBN: 978-88-9367-200-9
Finito di stampare nel mese di gennaio 2018
per conto della Adriano Salani Editore s.u.r.l. da Grafostil.
Stampato in Serbia

Le ricette contenute in questo libro sono fatte con ingredienti che possono contenere sostanze chimiche e per questo motivo richiedono la supervisione di un adulto. Alcune persone, inoltre, potrebbero essere sensibili a tali sostanze. È opportuno lavare e disinfettare tutte le superfici e gli strumenti utilizzati, una volta portata a termine ogni ricetta.
Gli slime NON SONO COMMESTIBILI e, dopo averci giocato, le mani devono essere lavate accuratamente.
L'editore e gli autori non possono essere ritenuti responsabili di eventuali danni e incidenti causati dallo svolgimento delle attività contenute in questo libro.

Iolanda Sweets
Slime

A cura di Valentina Cambi

Indice

Hello everyone!

Identity Card

IL MIO VERO NOME
Iolanda Manzo

QUANDO E DOVE SONO NATA
Il 22 giugno,
a Castellammare di Stabia (NA)

PROFESSIONE
Vlogger (che domande!)

Dove Seguirmi

YOUTUBE
Iolanda Sweets

INSTAGRAM
iolandasweets_official

FACEBOOK
Iolanda's Sweets

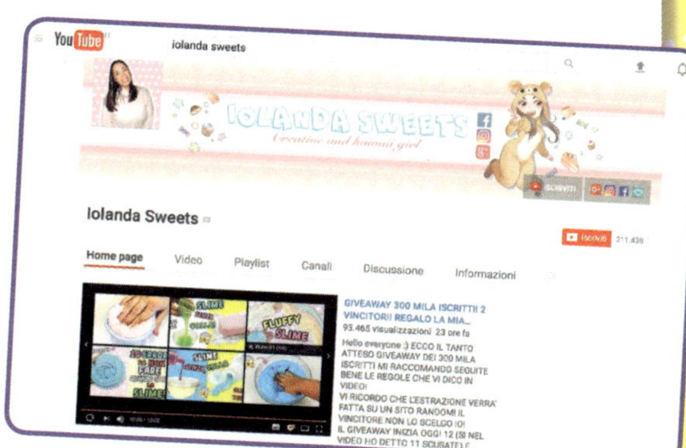

Curiosità

CHI SONO

Sono una ragazza **SEMPLICE** che viene dalla provincia di Napoli. Amo tutto ciò che è creativo e che riguarda il **GIAPPONE** e il **KAWAII**, un mondo che ho iniziato a conoscere quando ero molto piccola, guardando gli anime giapponesi come *Sailor Moon*. Mi affascinava perché era **SCINTILLANTE** e pieno di **MAGIA**. Sono sempre stata **CREATIVA**, sin da bambina. Mi piaceva molto **DISEGNARE** e guardare alla televisione quei programmi, come *Art Attack*, in cui venivano realizzati tanti oggetti **FAI DA TE**.

IL MIO CARATTERE

Sono molto **SOLARE**, amichevole e, anche se non sembra, un po' **TIMIDA**. Appena faccio amicizia, però, metto da parte l'imbarazzo e mi apro. Inoltre, sono molto **CAPARBIA** e quando mi prefisso un obiettivo, cerco di raggiungerlo, al meglio delle mie possibilità.

I MIEI HOBBY

Oltre agli slime, adoro fare esperimenti creativi di ogni tipo, anche in cucina, dove mi diletto con tante ricette, non solo di dolci. Mi piace guardare gli anime, leggere i fumetti manga e disegnare, tutte passioni che coltivo sin da piccola.

I MIEI "PREFERITI"

Amo la **MUSICA** in generale. Quando sono un po' giù (capita a tutti, no?), mi aiuta a liberare la mente e mi fa sentire meglio. Il mio cantante preferito è **MIKA**.

Adoro leggere, per lo più i libri **FANTASY**. Una saga che mi appassiona molto è quella di **HARRY POTTER**, di cui ho letto tutte le avventure e non ho perso un film!

Tra i manga, prediligo gli shōjo, che raccontano storie **ROMANTICHE**, destinate a un pubblico femminile.

Mettete sempre il cuore in tutto quello che fate, perché è la cosa più bella!

LA MIA VITA PRIVATA

La mia **FAMIGLIA** è parte integrante della mia vita e... dei miei **VIDEO**! Sicuramente avete avuto modo di conoscere la mia mamma, Silvia, il mio papà, Giuseppe, e mio fratello Michele, che ha cinque anni meno di me.

Quanto al "cuore", come molti di voi sanno, sono fidanzata da tre anni con **DANIELE**, un ragazzo dolce e gentile, che spesso partecipa ai miei video e **SUPPORTA** con **ENTUSIASMO** tutte le mie folli idee. Un vero compagno di avventure, oltre che di vita!

L'amore per gli Slime

La mia passione per gli **SLIME** è nata qualche anno fa, quando, navigando in rete, mi sono imbattuta nei **TUTORIAL** creati da ragazze americane e indonesiane sui loro canali Youtube o su Instagram. Ero **AFFASCINATA** da ciò che realizzavano con il solo uso della colla e di altre sostanze che mi sembrava così strano mescolare tra di loro: schiuma da barba, shampoo, sapone, borotalco, perfino la crema per il corpo e il dentifricio!

Ho amato gli slime fin da subito, perché non solo sono un gioco **DIVERTENTE**, ma anche un **ANTISTRESS**.

Così ho deciso di realizzare su Youtube quelle ricette che andavano tanto in voga sui social. All'inizio ho commesso degli sbagli, ma con il tempo ho affinato la **TECNICA** e imparato tutti i **TRUCCHI** che ho racchiuso anche in questo libro, e che spero vi possano servire per realizzare dei **FANTASTICI SLIME**!

Sbagliare colla, ad esempio, è la prima cosa da non fare, perché è l'ingrediente base. Se non è quella giusta, il vostro esperimento potrebbe risolversi in un nulla di fatto. Talvolta, poi, facevo fatica a carpire i **SEGRETI** delle ricette, perché erano in lingua straniera. Le innumerevoli richieste che ricevevo dalle persone che seguivano il mio canale, però, mi hanno spronato a impegnarmi al massimo e a sormontare anche le barriere linguistiche pur di realizzare nuovi slime. Ho sempre provato in prima persona il mix di **INGREDIENTI**, facendo anche degli **ESPERIMENTI** per trovare combinazioni diverse. Tutta la mia fatica è racchiusa tra queste pagine che spero vi siano utili per risolvere i vostri **DUBBI** e creare dei personali slime fatti in casa. Non disperate se all'inizio sbaglierete qualcosa:

Ricordate che una cosa fatta a mano, anche se imperfetta, è sempre fatta con il cuore, quindi... BELLISSIMA!

I miei video

Ho girato il primo **VIDEO** del canale, quello di presentazione, quando avevo 20 anni. Ero molto **IMPACCIATA**, perché non avevo ancora confidenza con la telecamera e non sapevo come esprimermi. Con il tempo, ho imparato a gestire la fase di registrazione, ma trovo divertente rivedere quel **FILMATO**, anche se un po' mi imbarazza.
Il mio **PRIMO VIDEO** di slime, invece, l'ho girato il 24 maggio del 2016. Da quel momento la mia passione per gli slime si è intensificata ancora di più.
Realizzo i video nella **CAMERA** di mio **FRATELLO**, quella che io chiamo "il buco stanza", da quanto è piccola. L'ho trasformata nel mio **LABORATORIO CREATIVO** e ho qui tutto il materiale per creare e fare gli slime.

I miei riconoscimenti

Grazie a voi, miei **ADORATI "CUORICINI"**,
ho ottenuto nel 2017 il **PLAY BUTTON**, il premio che **YOUTUBE** assegna per i canali che raggiungono i 100.000 iscritti.
La “nostra” famiglia sta crescendo sempre di più e questo mi rende molto **ORGOGLIOSA** di voi e di tutto l’affetto che mi trasmettete ogni giorno vedendo i miei video e lasciandomi **COMMENTI** bellissimi.

**Credete in ciò che fate e in voi stessi:
non fatevi abbattere da nessuno,
perché siete voi la cosa più importante!**

Qui troverete una breve storia degli slime e altri consigli molto utili!

L'ABC dello slime

un vero evergreen

Trucchi

Un vero evergreen

Lo **SLIME** è un giocattolo divertente che fa **IMPAZZIRE** tutti, oggi come negli anni '70!

CHE COS'È

Nel 1976 la Mattel creò il giocattolo *Slime*, venduto all'interno di un barattolo di plastica. Si trattava di una **PASTA GELATINOSA** e molto **MALLEABILE** costituita principalmente da gomma di guar. Questa farina, ricavata dai baccelli dell'omonima pianta, con

l'aggiunta di acqua si trasforma in una sorta di gel, dall'elevato potere addensante. In origine lo *Slime* era verdognolo, proprio come la **MELMA** - il significato del nome in inglese - di cui riproduceva l'effetto viscoso.

Oggi questa gelatina elastica, che permette di fare **TANTE CREAZIONI ORIGINALI** e che emette un rumore **SCOPPIETTANTE** quando la schiacci, si trova **IN COMMERCIO** di ogni forma e colore e tante sono le ricette per poterla realizzare anche **A CASA**.

In Italia, lo slime è **TORNATO DI MODA** da un paio di anni, grazie ai vari tutorial disponibili su internet.

COMPRATO O FAI DA TE?

La realizzazione casalinga dello slime nasce molto tempo dopo la sua commercializzazione come prodotto di fabbrica.
A mio avviso, ci sono differenze sostanziali tra i due tipi di slime, come ad esempio la **CONSISTENZA**. Gli slime comprati sono poco flessibili e molto gelatinosi oppure troppo densi. Al contrario, uno slime fatto in casa è generalmente elastico e morbido.
Un'altra differenza riguarda gli **INGREDIENTI**. In quello fai da te, sei tu a sceglierli, quindi sai con che cosa stai giocando.
Inoltre, a casa, puoi creare una maggiore **VARIETÀ** di slime, rispetto a quelli che si tro-

vano in commercio. Ve ne renderete subito conto andando avanti con la lettura del libro.
Infine, il **PREZZO** di uno slime comprato può essere anche elevato, se rapportato al prodotto che troviamo nella confezione. Quello casalingo, invece, può addirittura costare pochissimo, in base agli ingredienti usati. Molti si possono facilmente reperire in casa e il costo può variare considerevolmente, come quello della colla. Ne esistono, infatti, di molto economiche, l'importante è usarne una che contenga PVA (polivinilacetato).

Trucchi

Ecco come preparare alcuni **INGREDIENTI BASE** e qualche dritta per **CONSERVARE** al meglio i vostri slime!

COME SCIOGLIERE L'ACIDO BORICO

Uno degli **INGREDIENTI PRINCIPALI** con cui ho realizzato gli slime contenuti nel libro è l'**ACIDO BORICO**, che serve come **ADDENSANTE**. Per impiegarlo nelle ricette, va prima **SCIOLTO** in **ACQUA**.

CHE COSA SERVE:

- Acqua
- Acido borico
- Un misurino dosatore da 250 ml. (corrisponde alla misura "tazza")
- Un misurino dosatore da 7,5 ml. (corrisponde alla misura "cucchiaino")
- Una bottiglia di plastica o un contenitore ermetico

PREPARAZIONE

1

Mettete 2 tazze di **ACQUA BOLLENTE** in una ciotola, da usare solo per questa operazione.

2

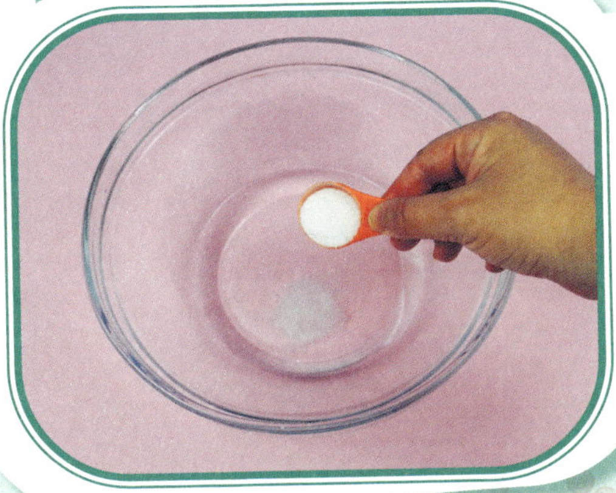

Aggiungete all'acqua 2 cucchiaini di **ACIDO BORICO**.

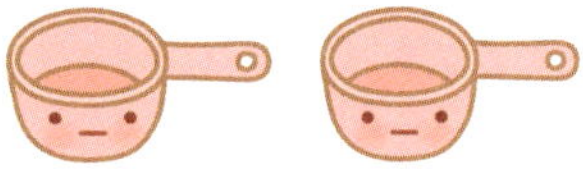

3

Mescolate fino a **SCIOGLIERE** l'acido borico del tutto. Poi, fate **RAFFREDDARE** la soluzione.

4

Dopo che la soluzione si è **RAFFREDDATA**, conservatela in una **BOTTIGLIA** di **PLASTICA** oppure in un **CONTENITORE ERMETICO**, ricordando di applicare un'apposita etichetta di riconoscimento.

L'ACIDO BORICO SI CONSERVA PER UN TEMPO ILLIMITATO E PUÒ ESSERE USATO FINCHÉ NON FINISCE!

COME CREARE IL SAPONE SCHIUMOSO

Se non avete a disposizione il **SAPONE SCHIUMOSO**, è molto semplice farlo in casa, in poche **SEMPLICI MOSSE**.

CHE COSA SERVE:

- Acqua
- Shampoo o bagnoschiuma
- Un contenitore con coperchio
- Un misurino dosatore da 7,5 ml. (corrisponde alla misura "cucchiaino")

PREPARAZIONE

1

Mettete all'interno di un piccolo **CONTENITORE**, provvisto di **COPERCHIO**, 3 cucchiaini di **ACQUA**.

2

Aggiungete
1 cucchiaino
di **SHAMPOO**.
In alternativa,
potete usare il
BAGNOSCHIUMA.

3

Chiudete il
contenitore
con il tappo e
AGITATELO
finché non
si forma la
SCHIUMA.

4

Il vostro
**SAPONE
SCHIUMOSO**
è pronto
all'uso!

COME RECUPERARE UNO SLIME DURO

Può capitare che lo slime, se non è conservato correttamente, si possa **INDURIRE**. Si può ovviare a questo problema incorporando **SCHIUMA** da **BARBA** e **DENTIFRICIO** in piccole quantità, aggiungendo a poco a poco questi ingredienti, finché non si ottiene il risultato desiderato.

Se questo trucco non funziona, potete mettere lo slime un paio di secondi nel forno a **MICROONDE** oppure a **BAGNOMARIA**.

CHE COSA SERVE:

- Dentifricio
- Schiuma da barba
- Una ciotola
- Acido borico sciolto in acqua
- Un misurino dosatore da 15 ml. (corrisponde alla misura "cucchiaio")
- Un misurino dosatore da 1 ml. (corrisponde alla misura "1/2 cucchiaino")

PREPARAZIONE

1

Aggiungete allo slime duro 1/2 cucchiaino di **DENTIFRICIO**.

2

Versate
nella ciotola
1 cucchiaio
di **SCHIUMA**
da **BARBA**.

3

Incorporate allo slime
i due elementi per
AMMORBIDIRLO.

SE LO SLIME RISULTA TROPPO APPICCICOSO, AGGIUNGETE UN GOCCIO DI ACIDO BORICO.

4

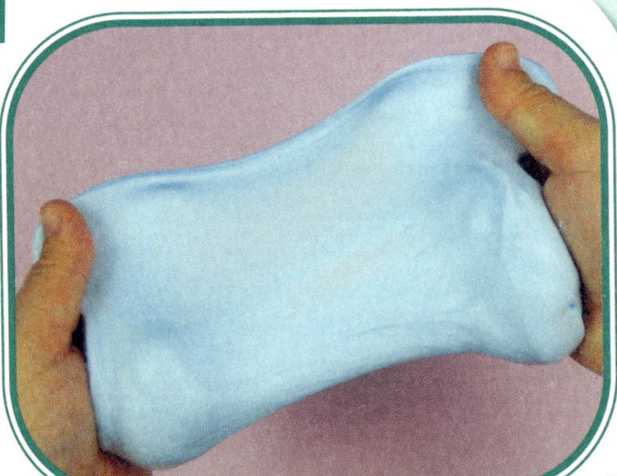

Ecco il vostro
slime! Non solo
è tornato come
nuovo, ma è anche
MORBIDISSIMO!

COME RECUPERARE UNO SLIME LIQUIDO

In molti avranno avuto il problema inverso al precedente, ovvero che lo slime si sciogliesse. Per rimediare a questo problema, bisogna aggiungere allo slime **SCHIUMA da BARBA** e addensare il tutto con una soluzione di **ACIDO BORICO** e **BICARBONATO**.

CHE COSA SERVE:

- Schiuma da barba
- Acido borico sciolto in acqua
- Bicarbonato
- Una ciotola e un bicchiere
- Un misurino dosatore da 15 ml. (corrisponde alla misura "cucchiaio")
- Un misurino dosatore da 7,5 ml. (corrisponde alla misura "cucchiaino")
- Un misurino dosatore da 1 ml. (corrisponde alla misura "1/2 cucchiaino")

PREPARAZIONE

1

Mettete lo slime **SCIOLTO** in una ciotola.

2

Aggiungete allo slime 1 cucchiaio di **SCHIUMA** da **BARBA** e mescolate.

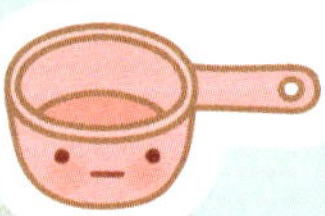

3

Versate in un bicchiere 2 cucchiaini di **ACIDO BORICO**.

4

Incorporate all'acido borico un po' meno di 1/2 cucchiaino di **BICARBONATO** e mescolate.

5

Aggiungete gradualmente la soluzione di **ACIDO BORICO** e **BICARBONATO** allo slime sciolto, finché non risulti più appiccicoso.

6

Il vostro slime è di nuovo **ELASTICO** e **SCOPPIETTANTE** come prima!

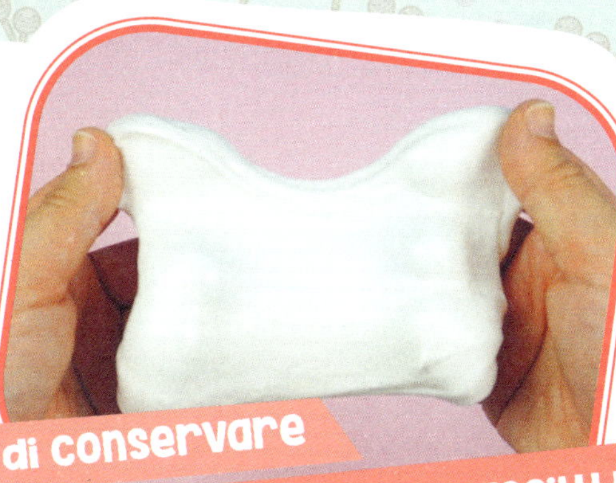

Ricordatevi sempre di conservare lo slime in un contenitore ermetico, in un luogo asciutto e privo di umidità!

Cominciamo con gli slime
più soffici e morbidosi:
dal celebre Fluffy
all'esclusivo Pearl!

Slime Morbidi

Fluffy

Marshmallow

Avalanche

Bubblegum

Pearl

Fluffy

Volete uno slime **FLESSIBILE** e super **SOFFICE**? È semplicissimo realizzarlo!

CHE COSA SERVE:

- Colla vinilica
- Schiuma da barba
- Sapone schiumoso
- Colorante alimentare
- Acido borico sciolto in acqua
- Una ciotola e una spatola
- Un misurino dosatore da 15 ml. (corrisponde alla misura "cucchiaio")

PREPARAZIONE

1

Mettete in una ciotola 2 cucchiai di **COLLA VINILICA**.

2

Aggiungete alla colla 4 cucchiai di **SCHIUMA DA BARBA**.

3

Prendete il **SAPONE SCHIUMOSO** e versatene 2 cucchiai nella ciotola.

Se volete che il vostro slime sia colorato, aggiungete un **COLORANTE ALIMENTARE** a piacere. Io ho scelto il blu!

4

5

Mescolate con cura
i vari ingredienti.
Poi, aggiungete
l'**ACIDO BORICO**
fino a rendere lo slime
più appiccicoso e
della giusta consistenza.

Il vostro fantastico ***fluffy slime*** è pronto!
Più morbido ed elastico che mai!

6

Marshmallow

Ecco uno slime **DENSO** e **SETOSO** come un marshmallow, che ti verrebbe voglia di mangiarlo!

CHE COSA SERVE:

- Colla vinilica
- Schiuma da barba
- Sapone schiumoso
- Amido di mais
- Colorante alimentare (facoltativo)
- Acido borico sciolto in acqua
- Una ciotola e una spatola
- Un misurino dosatore da 15 ml. (corrisponde alla misura “cucchiaio”)

PREPARAZIONE

1

Mettete in una ciotola 4 cucchiai di **COLLA VINILICA**.

2

Aggiungete alla colla 3 cucchiai di **SCHIUMA DA BARBA**.

3

Unite 3 cucchiai di **SAPONE SCHIUMOSO** agli ingredienti precedenti.

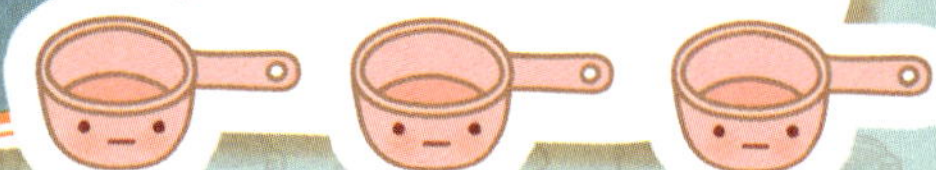

ADESSO, SE VOLETE CHE LO SLIME ABBIA UN COLORE PARTICOLARE, AGGIUNGETE DEL COLORANTE ALIMENTARE. IO L'HO LASCIATO BIANCO PER RENDERE DI PIÙ L'IDEA DEL MARSHMALLOW!

4

Aggiungete 4 cucchiai di **AMIDO DI MAIS** per rendere setoso lo slime.

5

Mescolate bene i vari ingredienti e aggiungete l'**ACIDO BORICO** fino ad addensare il tutto e rendere lo slime della giusta consistenza appiccicosa.

6

Il vostro ***marshmallow slime*** vellutato come la seta è finito!

Avalanche

Pronti a creare uno **SLIME** dall'effetto veramente **"TRAVOLGENTE"?**

CHE COSA SERVE:

- Colla trasparente
- Colla vinilica
- Schiuma da barba
- Crema per il corpo
- Colorante alimentare
- Acido borico sciolto in acqua
- Una ciotola, una spatola e un bicchiere
- Un contenitore stretto e alto
- Un misurino dosatore da 15 ml. (corrisponde alla misura "cucchiaio")

PREPARAZIONE

1

Mettete in una ciotola 1/2 bicchiere di **COLLA TRASPARENTE**.

2

Iniziate ad addensare la colla mescolandola con l'**ACIDO BORICO**.

3

Dopo aver addensato lo slime, riponetelo in un contenitore che sia **STRETTO** e **ALTO**, così da ottenere alla fine l'**EFFETTO VALANGA** desiderato.

ADESSO PREPARATE UN SECONDO SLIME DA METTERE SOPRA LO SLIME TRASPARENTE APPENA CREATO.

4

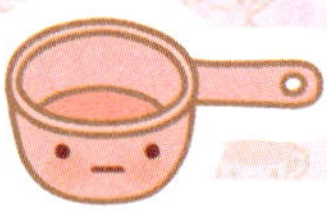

Versate in una **CIOTOLA** 1 cucchiaio di **COLLA VINILICA**.

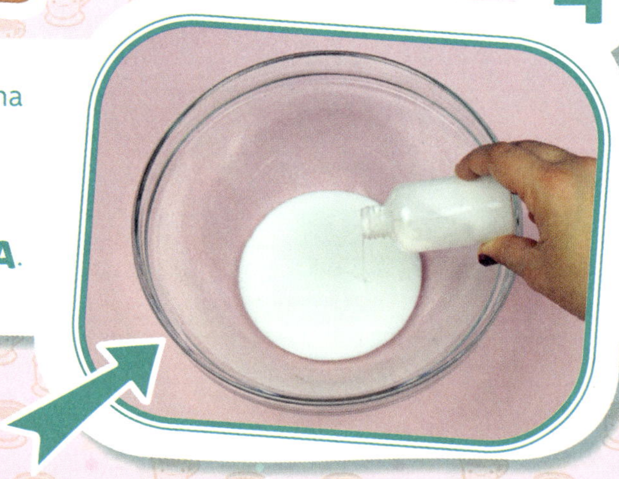

5

Aggiungete
alla colla
2 cucchiai
di **SCHIUMA**
da **BARBA**.

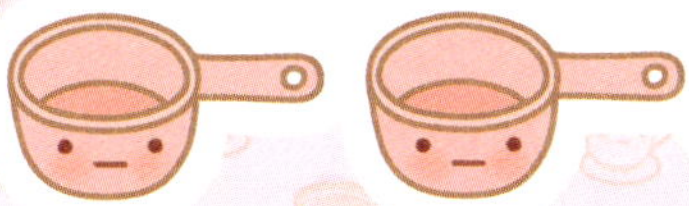

6

Incorporate
al composto
1 cucchiaio
di **CREMA**
per il **CORPO**.

7

Versate
il **COLORANTE**
ALIMENTARE
del colore
che preferite.
Che ne dite
di un bel **ROSA**?

8

Aggiungete l'**ACIDO BORICO** e mescolate.

9

ADDENSATE il composto finché non risulti **APPICCICOSO**.

10

Mettete lo slime appena realizzato **SOPRA** quello trasparente, precedentemente riposto nel contenitore alto e stretto.

ASPETTATE 4 O 5 GIORNI IN MODO CHE LO SLIME IN ALTO INIZI A COLARE, FORMANDO L'EFFETTO VALANGA.

11

È finalmente arrivato il momento di lasciarsi trascinare nel ***divertimento!***

Bubblegum

Divertitevi a creare uno slime **ELASTICO** e **SCOPPIETTANTE**, proprio come una gomma da masticare!

CHE COSA SERVE:

- Colla vinilica e trasparente
- Schiuma da barba
- Sapone schiumoso
- Borotalco
- Colorante alimentare
- Acido borico sciolto in acqua
- Una ciotola e una spatola
- Un misurino dosatore da 15 ml. (corrisponde alla misura "cucchiaio")

PREPARAZIONE

1

Mettete in una ciotola 2 cucchiai di **COLLA VINILICA**.

2

Aggiungete 1 cucchiaio di **COLLA TRASPARENTE** per rendere lo slime **ELASTICO**.

3

Incorporate
2 cucchiai
di **SCHIUMA**
da **BARBA**.

4

Versate
nella ciotola
1 cucchiaio
di **SAPONE**
SCHIUMOSO.

5

Aggiungete del **BOROTALCO**, che donerà allo slime una consistenza **DENSA**, ma allo stesso tempo **ELASTICA**.

6

Scegliete un **COLORANTE ALIMENTARE** a piacere e unitelo al composto. A me piace molto il **VERDE MENTA**!

7

Versate l'**ACIDO BORICO** nella ciotola.

8

Addensate finché lo slime non avrà la giusta **CONSISTENZA**.

9

Ecco il vostro ***bubblegum slime***! Più gommoso che mai!

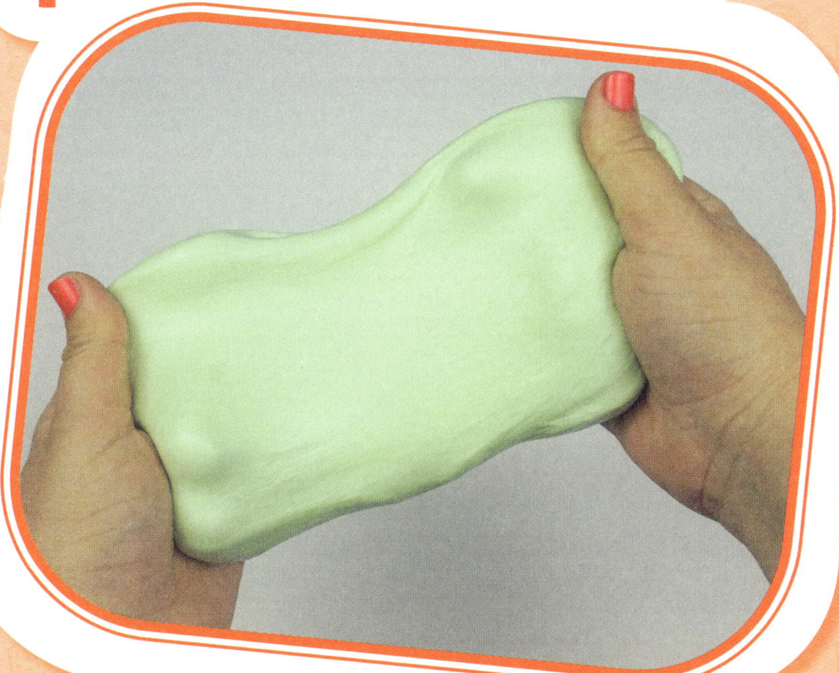

Pearl

ESCLUSIVO!

Grazie a un particolare **PIGMENTO** questo slime ha un effetto **IRIDESCENTE**, proprio come quello di una perla!

CHE COSA SERVE:

- Colla trasparente
- Shampoo perlato
- Pigmento perlato (in alternativa, ombretto perlato)
- Acido borico sciolto in acqua
- Una ciotola, una spatola e un bicchiere
- Un misurino dosatore da 15 ml. (corrisponde alla misura "cucchiaio")

PREPARAZIONE

1

Mettete in una ciotola 1/2 bicchiere di **COLLA TRASPARENTE**.

2

Versate 1 cucchiaio di **SHAMPOO** dall'effetto **PERLATO**, così da intensificare il colore del **PIGMENTO** che aggiungerete in seguito.

3

Dopo aver mescolato lo shampoo alla colla, incorporate il **PIGMENTO PERLATO**, del colore che preferite.

SE NON AVETE IL PIGMENTO, POTETE USARE QUALSIASI OMBRETTO CON UN EFFETTO PERLATO.

4

Mescolate bene gli ingredienti fino a raggiungere un **COMPOSTO OMOGENEO**.

5

Aggiungete l'**ACIDO BORICO** e addensate finché lo slime non risulti più **APPICCICOSO**.

6

Il vostro ***pearl slime*** è pronto! Morbido al tatto e ultra luccicante!

Ecco gli slime jiggly!
Due famose ricette per creazioni dalla consistenza più fluida!

Slime Gelatinosi

Jiggly

Jiggly Fluffy

Jiggly

Rilassati al suono del **JIGGLY SLIME**, con la sua consistenza acquosa, simile a quella di un **BUDINO**!

CHE COSA SERVE:

- Colla vinilica
- Sapone schiumoso
- Acqua
- Colorante alimentare
- Acido borico sciolto in acqua
- Una ciotola, una spatola e un bicchiere
- Un misurino dosatore da 15 ml. (corrisponde alla misura "cucchiaio")
- Un misurino dosatore da 7,5 ml. (corrisponde alla misura "cucchiaino")

PREPARAZIONE

1

Mettete in una ciotola 2 cucchiai di **COLLA VINILICA**.

2

Aggiungete alla colla 1 cucchiaino di **SAPONE SCHIUMOSO**.

3

Per far sì che lo slime abbia quel suo tipico effetto **TREMOLANTE**, versate nella ciotola 1/2 bicchiere di **ACQUA**.

4

Aggiungete un **COLORANTE ALIMENTARE** del colore che volete. Io ho scelto il **GIALLO** per rendere lo slime simile a un budino!

5

Unite l'**ACIDO BORICO** e aggiungetene fino ad addensare.

6

MESCOLATE. All'inizio sembrerà che lo slime non si addensi, ma con un po' di pazienza raggiungerete l'effetto desiderato.

7

Dopo che lo slime si è addensato, versate altra **ACQUA** perché il vostro slime sia ancora più **GELATINOSO**.

8

Ora lasciate che il ***jiggly slime*** si squagli tra le vostre dita! Divertente, no?

Jiggly Fluffy

ESCLUSIVO!

Scopri come creare uno slime **TREMOLANTE**, ma anche super **MORBIDO**! E tutto senza utilizzare l'acqua!

CHE COSA SERVE:

- Colla vinilica
- Sapone schiumoso
- Schiuma da barba
- Colorante alimentare
- Acido borico sciolto in acqua
- Dentifricio
- Una ciotola e una spatola
- Un misurino dosatore da 15 ml. (corrisponde alla misura "cucchiaio")
- Un misurino dosatore da 1,5 ml. (corrisponde alla misura "1/2 cucchiaino")

PREPARAZIONE

1

Mettete in una ciotola 3 cucchiai di **COLLA VINILICA**.

2

Versate 1 cucchiaio di **SAPONE SCHIUMOSO.**

3

Per rendere il composto più morbido, aggiungete 2 cucchiai di **SCHIUMA** da **BARBA**.

4

Se volete, potete aggiungere un **COLORANTE ALIMENTARE** di un colore a piacere.

5

Unite l'**ACIDO BORICO** e addensate fino a raggiungere la giusta consistenza **APPICCICOSA**.

6

Dopo che lo slime si è addensato, aggiungete 1/2 cucchiaino di **DENTIFRICIO** per renderlo **GELATINOSO**.

7

Iniziate a mescolare il **DENTIFRICIO** al resto del composto.

NON PREOCCUPATEVI SE VEDETE CHE LO SLIME TENDE A SCIOGLIERSI, È NORMALE!

8

Aggiungete nuovamente della **SCHIUMA** da **BARBA**.

9

Lo slime risulterà un po' appiccicoso, quindi versate altro **ACIDO BORICO**.

10

Ecco il vostro ***jiggly fluffy slime***, con tutta la sua speciale consistenza!

Gli slime più divertenti da maneggiare e con cui giocare. Dei veri e propri antistress!

Slime Scoppiettanti

Bubbly Crunchy

Floam

Iceberg

Sand

Bubbly Crunchy

Vuoi creare uno slime con tante fantastiche **BOLLICINE**? Segui questi semplici passaggi!

CHE COSA SERVE:

- Colla vinilica
- Schiuma da barba
- Sapone schiumoso
- Shampoo
- Amido di mais
- Colorante alimentare o acrilico
- Acido borico sciolto in acqua
- Un contenitore ermetico
- Una ciotola e una spatola
- Un misurino dosatore da 15 ml. (corrisponde alla misura "cucchiaio")
- Un misurino dosatore da 7,5 ml. (corrisponde alla misura "cucchiaino")

PREPARAZIONE

1

Mettete in una ciotola 4 cucchiai di **COLLA VINILICA**.

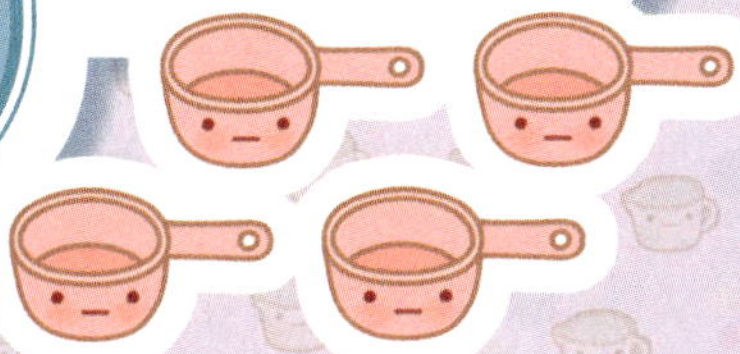

2

Aggiungete alla colla 3 cucchiai di **SCHIUMA** da **BARBA**.

3

Versate nella ciotola 3 cucchiai di **SAPONE SCHIUMOSO**.

4

Unite 1 cucchiaio di **SHAMPOO** agli ingredienti precedenti.

5

Aggiungete 2 cucchiaini di **AMIDO** di **MAIS** per rendere lo slime meno **APPICCICOSO**.

6

Dopo aver mescolato il composto, aggiungete un **COLORANTE ALIMENTARE** o un **ACRILICO** di un colore a piacere.

7

Versate l'**ACIDO BORICO** e addensate il tutto.

8

Quando lo slime ha raggiunto la giusta consistenza, incorporate un altro cucchiaio di **SCHIUMA da BARBA**.

9

Chiudete lo slime dentro un **CONTENITORE ERMETICO**, assicurandovi che non tocchi il tappo, altrimenti non riescono a formarsi le **BOLLE**.

RICORDATE: LO SLIME DEVE RIPOSARE ALL'INTERNO DEL CONTENITORE PER ALMENO 7 GIORNI.

10

Aprite! Adesso potete divertirvi con il vostro ***slime ultra scoppiettante!***

Floam

Uno slime **SCRICCHIOLANTE** e molto elastico? Semplice! Basta qualche pallina di **POLISTIROLO**!

CHE COSA SERVE:

- Colla trasparente
- Schiuma da barba
- Colorante alimentare
- Acido borico sciolto in acqua
- Palline di polistirolo
- Una ciotola e una spatola
- Un misurino dosatore da 15 ml. (corrisponde alla misura "cucchiaio")
- Un misurino dosatore da 7,5 ml. (corrisponde alla misura "cucchiaino")

PREPARAZIONE

1

Mettete in una ciotola 5 cucchiai di **COLLA TRASPARENTE**.

2

Aggiungete alla colla 1 cucchiaino di **SCHIUMA da BARBA**.

3

Versate nella ciotola un **COLORANTE ALIMENTARE** del colore che preferite.

4

Aggiungete l'**ACIDO BORICO** e addensate.

PER OTTENERE UN EFFETTO OTTIMALE, VI CONSIGLIO DI NON ADDENSARE TROPPO LO SLIME, MA DI LASCIARLO UN PO' APPICCICOSO, IN MODO CHE LE PALLINE DI POLISTIROLO POSSANO ADERIRE AL MEGLIO.

5

Aggiungete le palline di **POLISTIROLO** e mescolatele allo slime addensato.

6

Il ***floam slime*** è pronto per scoppiettare tra le vostre mani!

Iceberg

Vuoi provare la sensazione del **GHIACCIO** che **SCRICCHIOLA** tra le dita? L'iceberg è lo slime che fa per te!

CHE COSA SERVE:

- Colla vinilica
- Schiuma da barba
- Crema per il corpo
- Borotalco
- Colorante alimentare o acrilico
- Acido borico sciolto in acqua
- Una ciotola e una spatola
- Un misurino dosatore da 250 ml. (corrisponde alla misura "tazza")
- Un misurino dosatore da 15 ml. (corrisponde alla misura "cucchiaio")

PREPARAZIONE

1

Mettete in una ciotola 5 cucchiai di **COLLA VINILICA**.

2

Aggiungete alla colla 2 tazze colme di **SCHIUMA** da **BARBA**, la cui quantità deve essere maggiore di quella della colla.

3

Versate nella ciotola 3 cucchiai di **CREMA** per il **CORPO** per dare più elasticità e morbidezza allo slime.

4

Dopo aver mescolato gli ingredienti precedenti, unite 3 cucchiai di **BOROTALCO** che renderà lo slime più setoso.

5

Se lo desiderate, aggiungete un **COLORANTE ALIMENTARE** o un **ACRILICO** a piacere. Io ho usato il blu, perché così lo slime assomiglierà davvero a un icerberg!

6

Addensate il tutto aggiungendo l'**ACIDO BORICO**.

Dopo che il composto si è addensato, versate altri 2 cucchiai di **SCHIUMA** da **BARBA** e mescolate.

7

8

Mettete lo slime in una **CIOTOLA** e lasciatela senza **COPERCHIO** in un luogo asciutto.

FATE TRASCORRERE 5 GIORNI IN MODO CHE SULLO SLIME SI FORMI LA CARATTERISTICA CROSTA.

9

Quando affonderete le vostre dita sulla superficie, vi sembrerà proprio di rompere il ***ghiaccio!***

Sand

Crea un originale **CRUNCHY SLIME** grazie a un semplice ingrediente naturale: la **SABBIA**!

CHE COSA SERVE:

- Colla vinilica e trasparente
- Detersivo per i piatti
- Amido di mais
- Schiuma da barba
- Sabbia
- Acido borico sciolto in acqua
- Una ciotola, una spatola e un bicchiere
- Un misurino dosatore da 15 ml. (corrisponde alla misura "cucchiaio")
- Un misurino dosatore da 7,5 ml. (corrisponde alla misura "cucchiaino")

PREPARAZIONE

1

Mettete in una ciotola 3 cucchiai di **COLLA VINILICA**.

2

Versate 1 cucchiaio di **COLLA TRASPARENTE**.

3

Aggiungete alle colle 3 cucchiaini di **DETERSIVO** per i **PIATTI**.

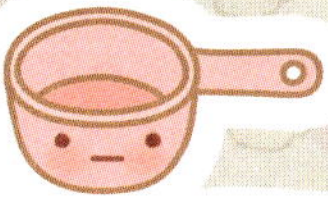

4

Unite ai precedenti ingredienti 1 cucchiaio di **AMIDO** di **MAIS** che donerà un effetto **SETOSO** allo slime.

Incorporate 1 cucchiaino di **SCHIUMA** da **BARBA** per dare maggiore elasticità e morbidezza.

5

6

Dopo aver mescolato il tutto, aggiungete 1/2 bicchiere di **SABBIA**.

POTETE USARE ANCHE LA SABBIA DEL MARE, PURCHÉ SIA ASCIUTTA!

7

Versate l'**ACIDO BORICO** e addensate finché il composto non risulti appiccicoso.

8

Adesso potete giocare con il vostro ***sand slime!***

Guarda il mondo attraverso uno slime! Puoi farlo anche con l'arcobaleno!

Slime Trasparenti

Clear

Rainbow

Clear

Ecco uno **SLIME** che quando lo allunghi, puoi addirittura guardarci **ATTRAVERSO**!

CHE COSA SERVE:

- Colla trasparente
- Bicarbonato
- Acido borico sciolto in acqua
- Una ciotola grande e una piccola
- Un contenitore ermetico
- Una spatola
- Un misurino dosatore da 15 ml. (corrisponde alla misura "cucchiaio")
- Un cucchiaino da tè

PREPARAZIONE

1

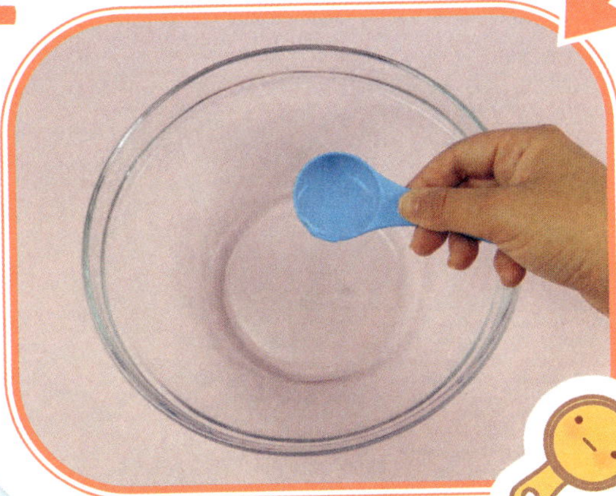

Mettete
in una ciotola
3 cucchiai
di **COLLA TRASPARENTE**.

Prendete un'altra
ciotola, di dimensioni
minori: metteteci
2 cucchiai di
ACIDO BORICO
e mescolateli
a 1/2 cucchiaino di
BICARBONATO,
fino a scioglierlo
del tutto.

2

3

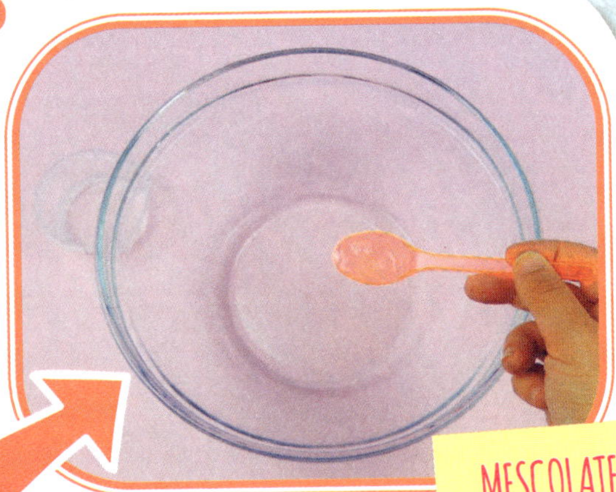

Aggiungete gradualmente questo composto alla **COLLA**.

MESCOLATE LA COLLA MOLTO LENTAMENTE PER FAR SÌ CHE NON SI FORMINO LE BOLLE.

4

Conservate lo slime in un **CONTENITORE ERMETICO** per 4 o 5 giorni.

5

Il vostro clear ***slime*** è pronto...
attenzione a non perderlo di vista!

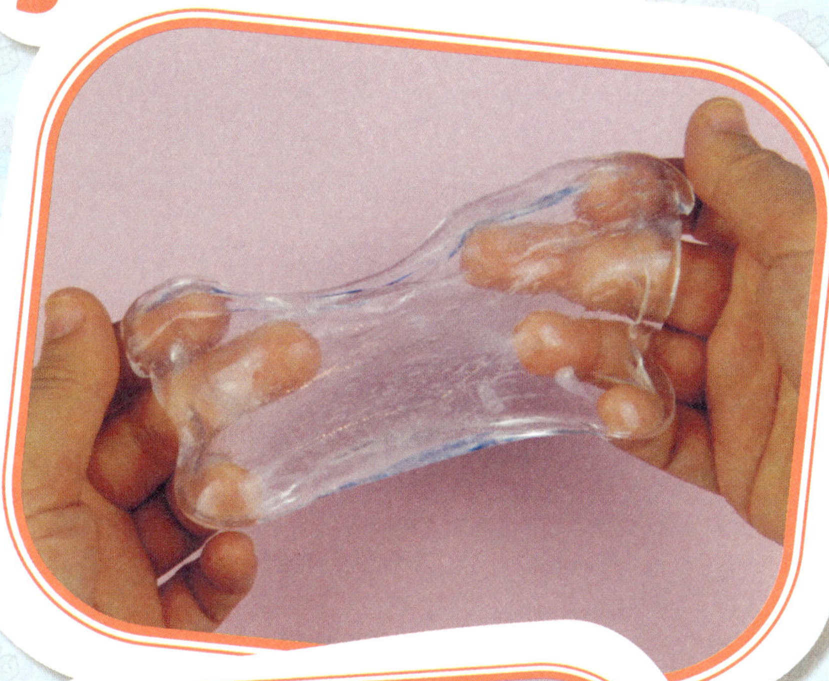

Rainbow

ESCLUSIVO!

Uno slime **TRASPARENTE** e di tanti **COLORI**? È possibile! Guardate come si fa!

CHE COSA SERVE:

- Colla trasparente
- Bicarbonato
- Acido borico sciolto in acqua
- Coloranti alimentari
- Una ciotola grande e una piccola
- Un contenitore ermetico
- Una spatola
- Un cucchiaino da tè
- Un misurino dosatore da 15 ml. (corrisponde alla misura "cucchiaio")

PREPARAZIONE

1

Mettete in una ciotola 8 cucchiai di **COLLA TRASPARENTE**.

2

Prendete un'altra ciotola, più piccola: versateci 2 cucchiai di **ACIDO BORICO** e scioglieteli in 1/2 cucchiaino di **BICARBONATO**, come avete fatto per preparare il **CLEAR SLIME** (pagine 96/99).

POI, AGGIUNGETE GRADUALMENTE QUESTO COMPOSTO ALLA COLLA.

3

Dividete lo slime in 6 parti. Aggiungete a ogni parte, separatamente, un **COLORANTE ALIMENTARE** di un colore diverso - **ROSSO, GIALLO, VERDE, BLU, ROSA, VIOLA** - e mescolate.

VI CONSIGLIO DI USARE I COLORANTI AL POSTO DEGLI ACRILICI, PERCHÉ ALTRIMENTI NON VERREBBE FUORI L'EFFETTO TRASPARENTE.

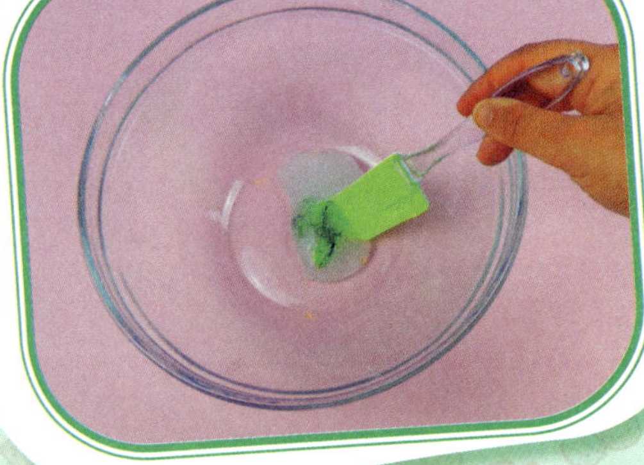

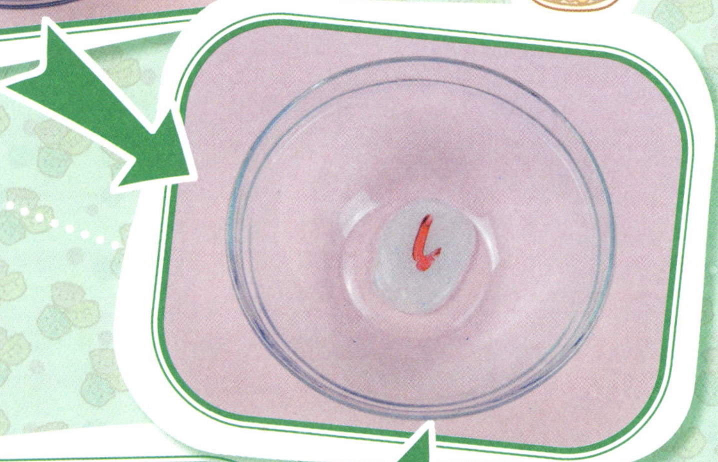

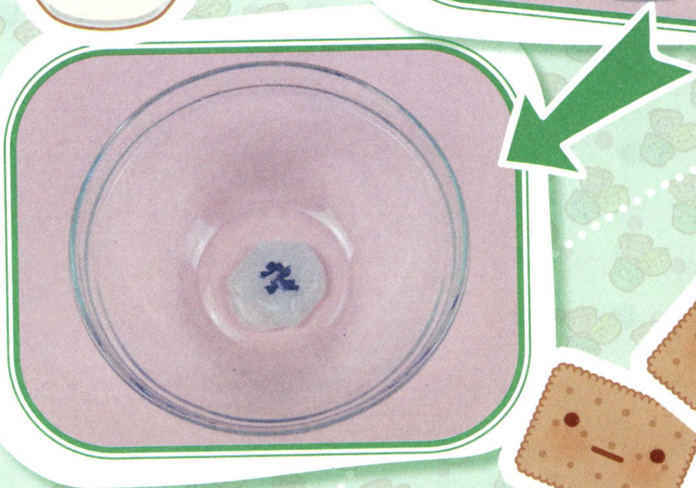

4

Mettete lo slime all'interno di un **CONTENITORE ERMETICO**, alterando i colori per far risaltare le varie sfumature.

CHIUDETE IL CONTENITORE CON UN COPERCHIO E FATE RIPOSARE LO SLIME PER 4 O 5 GIORNI.

Adesso il vostro personale ***arcobaleno***
è a portata di mano!

5

Idee speciali per tutti i gusti. Certi slime ti verrebbe voglia di mangiarli... ma non fatelo!

Slime ispirati al cibo

Butter

Pane e Nutella

Pizza

Butter

Morbido come il burro, questo slime è anche **ELASTICO** e **SCOPPIETTANTE**!

CHE COSA SERVE:

- Amido di mais
- Bagnoschiuma
- Colla vinilica
- Schiuma da barba
- Crema per il corpo
- Sapone schiumoso
- Colorante alimentare giallo
- Acido borico sciolto in acqua
- Due ciotole e una spatola
- Un misurino dosatore da 15. ml. (corrisponde alla misura "cucchiaio")

PREPARAZIONE

PER PRIMA COSA DOVETE REALIZZARE UNA PASTA CHE SARÀ INCORPORATA IN SEGUITO ALLO SLIME, PER DARGLI QUELLA SUA CARATTERISTICA MORBIDEZZA.

1

Mettete in una ciotola 3 cucchiai di **AMIDO** di **MAIS**.

2

Unite all'amido di mais 2 cucchiai di **BAGNOSCHIUMA.**

SE L'IMPASTO RISULTA ANCORA TROPPO GRANULOSO, AGGIUNGETE ALTRO BAGNOSCHIUMA.

3

Ecco come deve essere la vostra **PASTA**! Mettetela per il momento da parte.

ADESSO PREPARIAMO LO SLIME DA INCORPORARE ALLA PASTA APPENA PREPARATA.

4

Mettete in una ciotola 4 cucchiai di **COLLA VINILICA**.

5

Aggiungete 2 cucchiai di **SCHIUMA** da **BARBA**.

6

Unite al composto 1 cucchiaio di **CREMA** per il **CORPO**.

7

Versate 1 cucchiaio di **SAPONE SCHIUMOSO**.

8

Aggiungete del **COLORANTE ALIMENTARE** giallo per ricreare il colore del burro.

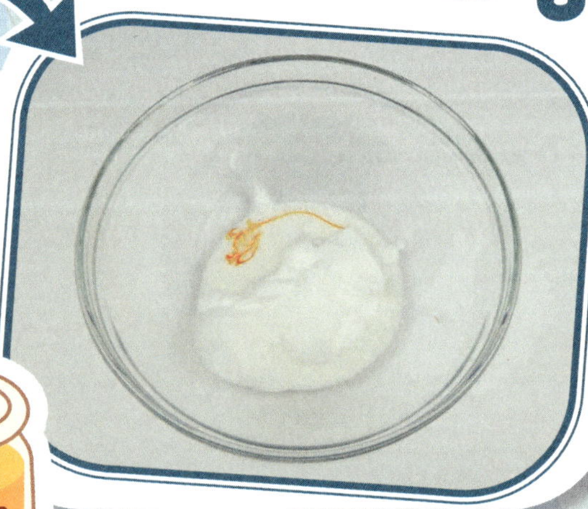

9

Mescolate
il tutto e
aggiungete
l'**ACIDO BORICO**
per addensare.

10

Dopo che
lo slime è
pronto, unite
la **PASTA**
creata
in precedenza
e iniziate
a mescolare.

11

Se lo slime risulta troppo appiccicoso, aggiungete ancora **AMIDO** di **MAIS**, fino a raggiungere la consistenza desiderata.

12

Il vostro ***butter slime*** è pronto da... spalmare!

Pane e Nutella

Tra gli slime che si ispirano al **CIBO**, questo è senz'altro il più **GOLOSO**!

CHE COSA SERVE:

- Colla vinilica e trasparente
- Schiuma da barba
- Nutella
- Acido borico sciolto in acqua
- Gessetto o acrilico marrone
- Butter slime
- Una ciotola e una spatola
- Un misurino dosatore da 15 ml. (corrisponde alla misura "cucchiaio")

PREPARAZIONE

PER FARE QUESTO SLIME È NECESSARIO AVERE A DISPOSIZIONE UN BUTTER SLIME. PER REALIZZARNE UNO, SEGUITE IL TUTORIAL CHE INIZIA A PAGINA 108.

1

Mettete in una ciotola 2 cucchiai di **COLLA VINILICA**.

2

Aggiungete 1 cucchiaio di **TRASPARENTE**.

3

Unite ai precedenti ingredienti 1 cucchiaio di **SCHIUMA** da **BARBA**.

4

Incorporate al composto 1 cucchiaio di **NUTELLA**. In questo modo avrete uno slime **PROFUMATO** e allo stesso tempo **COLORATO**.

5

Aggiungete l'**ACIDO BORICO** per addensare il tutto.

6

Lo ***slime Nutella*** è pronto!

7

Prendete il **BUTTER SLIME** creato in precedenza e dategli la forma di una **FETTA** di **PANE**.

8

Per dare un aspetto più **REALISTICO** alla fetta, colorate il bordo con un **GESSETTO** o un **ACRILICO** marrone, e metteteci sopra lo slime Nutella appena realizzato.

Il vostro ***slime pane e Nutella*** è servito!
Mi raccomando: giocateci,
ma non mangiatelo!

9

Pizza

Questo **SLIME FOOD** è così realistico da far venire l'acquolina in bocca!

CHE COSA SERVE:

- Colla vinilica
- Schiuma da barba
- Sapone schiumoso
- Crema per il corpo
- Amido di mais
- Acido borico sciolto in acqua
- Coloranti alimentari (rosso e verde)
- Butter slime
- Ombretto nero
- Una ciotola grande e due piccole
- Una spatola
- Un misurino dosatore da 15 ml. (corrisponde alla misura "cucchiaio")

PREPARAZIONE

PER REALIZZARE LA BASE DELLA PIZZA VI SERVIRÀ UN BUTTER SLIME. PER FARLO, SEGUITE LE ISTRUZIONI DEL TUTORIAL CHE INIZIA A PAGINA 108.

1

Mettete in una ciotola 4 cucchiai di **COLLA VINILICA**.

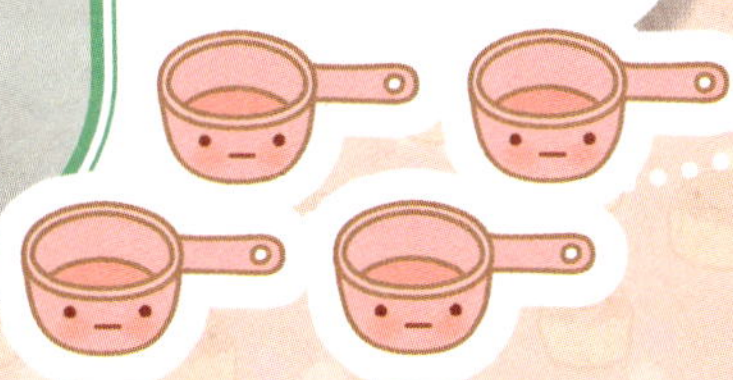

2

Aggiungete 3 cucchiai di **SCHIUMA da BARBA**..

3

Versate nella ciotola 2 cucchiai di **SAPONE SCHIUMOSO**.

4

Aggiungete 1 cucchiaio di **CREMA** per il **CORPO**.

5

Unite
3 cucchiai
di **AMIDO**
di **MAIS** ai
precedenti
ingredienti.

6

Dopo aver
mescolato,
addensate
il tutto con
l'**ACIDO**
BORICO.

7

Dopo aver **ADDENSATO** lo slime, dividetelo in tre parti: una grande e due piccole.

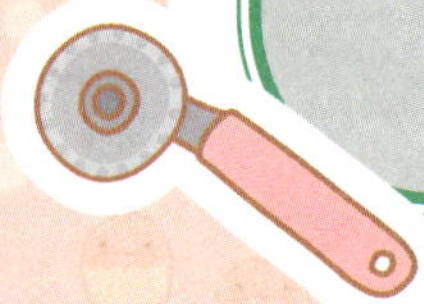

8

Versate del **COLORANTE ALIMENTARE** rosso sulla parte più grande per simulare la salsa di pomodoro e mescolate.

9

Colorate una delle due parti più piccole di verde per rendere l'idea del **BASILICO** e lasciate la terza parte bianca, per riprodurre la **MOZZARELLA**.

10

Adesso preparate la base, stendendo il **BUTTER SLIME** che avete realizzato in precedenza. Io l'ho steso su un cartone della pizza, per rendere tutto più realistico.

PER DARE AL BORDO IL TIPICO EFFETTO BRUCIACCHIATO, COLORATELO CON UN OMBRETTO NERO!

11

Adesso mettete sulla base della pizza la **SALSA**, ovvero lo slime rosso.

12

Aggiungete alla salsa la **MOZZARELLA**, realizzata con lo slime bianco.

13

Infine, decorate con una foglia di **BASILICO**, rappresentata dallo slime verde.

14

Il vostro ***slime pizza*** sembra davvero super gustoso, non trovate?

Non trovate la colla o volete sperimentare nuove tecniche? Ecco le ricette che fanno per voi!

Slime senza colla

Glitter

Butter

Glitter

Non trovi la colla giusta o hai problemi a usarla? Divertiti a creare un semplice e **SCINTILLANTE** slime anche senza!

CHE COSA SERVE:

- Gomma di guar in polvere
- Acido borico sciolto in acqua
- Colorante alimentare
- Glitter
- Una ciotola e una spatola
- Un misurino dosatore da 250 ml. (corrisponde alla misura "tazza")
- Un misurino dosatore da 15 ml. (corrisponde alla misura "cucchiaio")
- Un cucchiaino da tè

PREPARAZIONE

1

Mettete in una ciotola 1 tazza di **ACQUA BOLLENTE**.

2

Aggiungete 1 cucchiaino di **GOMMA DI GUAR** in polvere.

LA GOMMA DI GUAR È UN ADDENSANTE NATURALE MOLTO USATO PER I PRODOTTI DI PASTICCERIA E IN CUCINA, IN GENERALE. SI PUÒ TROVARE NEI SUPERMERCATI, NEI NEGOZI CHE VENDONO ALIMENTI BIOLOGICI OPPURE NELLE FARMACIE.

3

Mescolate molto **VELOCEMENTE** in modo da non far formare i grumi e, se volete, aggiungete del **COLORANTE ALIMENTARE** del colore che preferite.

4

Usate l'**ACIDO BORICO** per addensare lo slime.

5

Adesso aggiungete dei **GLITTER** per rendere il composto **LUMINOSO**.

6

Ecco il vostro ***slime***, super gelatinoso e luccicante!

Butter

ESCLUSIVO!

Segui questa ricetta per ottenere un **BUTTER SLIME** morbido ed elastico senza bisogno di colla!

CHE COSA SERVE:

- Amido di mais
- Shampoo
- Olio per il corpo
- Schiuma da barba
- Dentifricio
- Colorante alimentare
- Una ciotola e una spatola
- Un misurino dosatore da 15 ml. (corrisponde alla misura "cucchiaio")
- Un misurino dosatore da 7,5 ml. (corrisponde alla misura "cucchiaino")
- Un misurino dosatore da 1,5 ml. (corrisponde alla misura "1/2 cucchiaino")

PREPARAZIONE

1

Mettete in una ciotola 3 cucchiai di **AMIDO di MAIS**.

2

Aggiungete all'amido di mais 2 cucchiai di **SHAMPOO**.

3

Versate nella ciotola 1 cucchiaino di **OLIO** per il **CORPO**.

4

Unite al composto 1 cucchiaio di **SCHIUMA** da **BARBA**.

5

Aggiungete
1/2 cucchiaino
di **DENTIFRICIO**.

6

Iniziate a mescolare. Nel caso in cui lo slime risulti ancora troppo **GRANULOSO** e non **PASTOSO**, aggiungete un altro po' di shampoo e di olio per il corpo.

7

Dopo che lo slime ha preso forma, incorporate del **COLORANTE ALIMENTARE** a piacere.

8

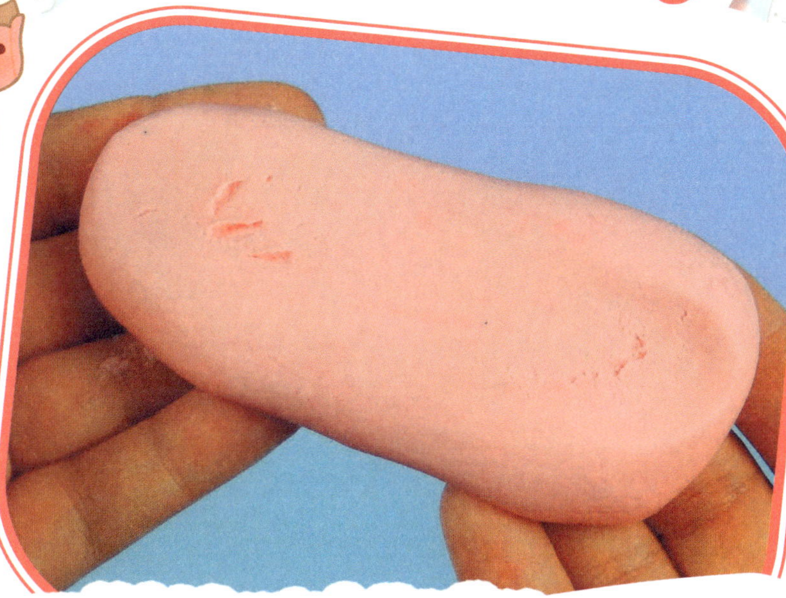

Incredibile! Questo ***butter slime*** senza colla è davvero soffice!

Note